中华中医昆仑

张学文学术评传

张镜源◎主编

中国盲文出版社

图书在版编目（CIP）数据

张学文学术评传（大字版）/ 张镜源主编. —北京：中国盲文出版社，2015.12

（中华中医昆仑）

ISBN 978-7-5002-6837-6

Ⅰ. ①张…　Ⅱ. ①张…　Ⅲ. ①张学文—评传　Ⅳ. ①K826.2

中国版本图书馆 CIP 数据核字（2015）第 316759 号

张学文学术评传

主　　编：张镜源
责任编辑：王丽丽
出版发行：中国盲文出版社
社　　址：北京市西城区太平街甲 6 号
邮政编码：100050
印　　刷：北京华联印刷有限公司
经　　销：新华书店
开　　本：700×1000　1/16
字　　数：42 千字
印　　张：6.5
版　　次：2015 年 12 月第 1 版　2015 年 12 月第 1 次印刷
书　　号：ISBN 978-7-5002-6837-6/K·442
定　　价：12.00 元
销售服务热线：（010）83190297　83190289　83190292

丛书编委会

前言

中医药是中华民族的伟大创造，是世界医学宝库中的夺目瑰宝，数千年来为中华民族的繁衍昌盛作出了巨大的不可磨灭的贡献，至今仍是中国医药卫生事业不可分割的重要组成部分，在维护民族体魄康健、促进经济社会发展中发挥着不可替代的作用。

中医药学，是中华传统文化和科技文明的结晶，是勤劳聪慧的中华儿女在几千年生产生活实践中，在与疾病作斗争的过程中，创造的独具特色的医学科学体系。它有着浓郁的民族特色、深厚的文化底蕴和丰富的哲学内涵。经过一代又一代中医药传人、一辈又一辈名医大家的实践探索、薪火传承、总结完善、创新发展，逐步形成了系统的理论体系、独特的诊疗方法、丰富的医学内容、实用的制药技术。具有疗效确切、用药安全、应诊灵活、普适简廉和预防保健作用显著的巨大优势，在世界医学之林独树一帜，为人类的文明进步与医疗保健事业，已经并正在作出积极的贡献。

为了弘扬中华民族传统文化，彰显中医药学家的丰功伟绩，当代中医药发展研究中心与中国文学艺术界联合会、国家中医药管理局新闻办公室、中华中医药学会、中国中医科学院、北京中医药大学、世界中医药学会联合会等精诚合作，在国家中医药管理局的支持和指导下，为中华近现代百年来贡献卓著、深受敬仰的150位中医药学家，编撰出版了这部大型传记丛书。丛书采用评传体裁，记载他们的生平事迹、医术专长、学术思想、传承教育、医风医德、养生之道和突出贡献，使这些宝贵的医学成就和精神财富发扬光大，千古流芳。

从书取名《中华中医昆仑》。昆仑山，被尊为“万山之祖”，柱西北而瞰东南，立中国而凭世界，凌驾乾坤，巍然屹立。以其高峻豪迈、绵延起伏的磅礴气势，寓意中华中医药学历史悠久、博大精深和永不衰竭；以其挺拔雄伟、高耸入云的恢弘气魄，彪炳一代中医药学家的丰功伟绩、杰出贡献和不朽勋业。

从书入选传主，从全国范围推荐遴选，遍及中医药界各个领域。有临床家、理论家、药学家、教育家、医史文献学家；有名师亲授、世医家教、学派传人、院校毕业和自学成才者；有师徒并驾、父子齐名和伉俪联袂者。他们学术造诣深厚、诊疗技术精湛、临床经验丰富、学科地位崇高、科研成果丰硕、医风医德高尚、国内外影响较大，从医学理论到临床实践，为中医药事业的传承和发展作出了突出贡献，是近现代百年来中华中医药界的杰出代表。

丛书的出版，对于弘扬中华文化，振兴中医药事业，造就中医药人才，普及中医药知识，具有重要的现实意义和深远的历史意义。这是一项开创性工作，填补了我国为著名中医药学家大规模撰写传记的空白；也是一项抢救性工作，因入选传主已仙逝过半，许多亲历、亲见、亲闻的史料日见散逸，将之收集整理、编撰成书，功垂后世、利国利民；更是一项承前启后的工作，总结传主经验，传承中医药伟业，继往开来，光耀世界医学之林。这部医文结合，富蕴历史性、学术性、文学性和实用性的鸿篇巨制，对医疗、卫生、科研、教育及全球关注中华中医药文化的各界人士，都有重要的参考和阅读价值。

丛书的编撰出版，是一项巨大的中医药文

化建设工程，在策划、撰写、编辑、出版过程中，自始至终得到了国家有关领导、政府部门及社会各界人士的关心和支持。国家中医药管理局高度重视，并组织专家对全书进行终审；数百名专家、学者亲临指导，参与规划；有关省、市、自治区卫生厅、局、中医局（处）给予大力帮助；传主及其亲属、弟子热情支持、密切配合；撰稿人深情满怀、辛勤笔耕；编审专家尽心竭力、精工细琢；关爱中医药事业的企业家热心公益、慷慨资助；全体工作人员不辞辛劳、无私奉献，这一切使丛书得以顺利出版。对此，我们深表谢意。

由于时间紧迫和资料搜集困难，加之水平有限，难免有疏误之处，敬请广大读者批评指正。

中华中医药学，历史悠久，源远流长，发端于远古，奔向于未来。百年对于历史，不过是短暂的瞬间；百人对于万众，不过是沧海一粟。然本丛书所记载的百年百人，则无疑是波澜壮阔的中医药发展史上辉煌的篇章和光芒闪烁的璀璨星辰。

张镜源

目录

业医德为先，医术精为重。“大医精诚”是我的座右铭；耿直为人，认真做事，实事求是，是我做人的原则；治病救人，培养学生，是我的日常工作；继承发扬、整理创新祖国医药学是我终生奋斗的目标。

——张学文

张学文，1935 年出生，陕西省汉中市人，全国著名中医内科学家。15 岁随父习医诊病。18 岁时经县统一考试，以优异成绩出师，随父悬壶乡里。1956 年考入汉中中医进修班学习。1958 年考入陕西省中医进修学校（陕西中医学院前身）中医师资班学习，结业后留校任教。1959 年在南京参加全国首届温病师资班学习。其后历任陕西中医学院附属医院内科主任，陕西中医学院医疗系主任，陕西中医学院副院长、院长等职。曾任北京中医药大学兼职博士研究生导师、中华全国中医药学会常务理事、国家中医药管理局医政司中医急症脑病协作组组长、陕西省科协常务理事、陕西省中医药学会副会长等职。1990 年 10 月被国家两部一局确定为首批全国五百名老中医药专家学术经验继承工作指导老师之一；1991 年被评为陕西省有突出贡献专家，并享受国务院政府特殊津贴；2008 年被评为陕西省首届名老中医；2009 年由人力资源和社会保障部、卫生部、国家中医药管理局评选为国医大师。

张学文从医 50 余年，执教 40 余载。在中医急症、中医脑病、温病学、疑难病、活血化瘀等诸多研究领域均有一定的学术造诣，对“毒瘀交夹”、“水瘀交夹”、“痰瘀交夹”、“气瘀交夹”、“颅脑水瘀”等病机理论的认识颇多创新，自成体系。先后在全国省级以上学术刊物发表论文 60 余篇，出版学术专著 10 余部，获国家、部省、厅局级科技成果奖 20 余项。

幼承庭训多勤奋
志为良医奠坚基

张学文1935年农历十月二十七出生于汉文化发祥之地汉中的一个中医世家。其祖父张呈元，15岁正式拜师学医，20岁悬壶乡里，从医近60余年，不仅医术精湛，且医德高尚，是家乡一带远近闻名的良医。五祖父张呈瑞，自幼即随其兄张呈元临证抄方，切药制药，并得其舅父的真传，深悟理法方药真谛，兄弟二人传医道于张致东，即张学文的父亲。张致东继承父辈的医道，后又拜当地名医刘全善为师。刘全善对中医内科、骨科、外科、儿科医理精深，经验独到，学验俱丰，言传身教，精心带徒。张学文生活在中医世家，从小接受熏陶，在祖父、父亲、名师的严格教育下，在脉诀药性汤头中浸润，从小就养成了学中医，爱中医，立志以中医为业，以中医为荣的思想。张学文天资聪颖，幼时在祖父和父亲的指导下，背诵《医学三字经》、《濒湖脉学》、《药性赋》、《汤头歌诀》等。这些通俗易懂的读物在他幼小的心灵里留下了深刻的烙印，使他较快地跨进了中医药神秘殿堂之门。15岁起便随父亲学习医术并临证诊病，辨认药材，“鸡鸣而起，星高而息”，孜孜汲汲，不敢懈怠。常常上午随父门诊，下午随父出诊，逐渐培养成对病人慈悲为怀、乐于勤谨临床的心境。张学文青少年时期精力充沛，好学上进，求知若渴，对家藏医书认真阅读，孙思邈《备急千金要方》、钱乙《小儿药证直诀》、李杲《脾胃论》、李时珍《本草纲目》、吴谦《医宗金鉴》、唐容川《血证论》、叶天士《温热论》、吴鞠通《温病条辨》、王清任《医林改错》等都成为他囊中所藏，枕下所垫之物，案头典籍常揉翻卷曲渍汗。辛、甘、酸、苦、咸、寒、热、温、凉五味四性并收，汗、吐、下、和、清、温、消、补八类治法兼容。

1953 年 5 月张学文随父进入原南郑县武乡镇“致和堂”（诊所）应诊。1956 年在“汉中中医进修班”、1958 年在陕西省中医进修学校中医师资班学习时，重点攻读了经典著作，更加奠定了坚实的理论基础。

他在长辈和老师的点授指导下，研读《黄帝内经》、《伤寒论》等典籍，明阴阳之道，通五行之变，精脏腑之理，识六淫转化。他循“观其脉证，知犯何逆，随证治之”的思路，遵“不治已病治未病”、“治病必求于本”的教诲，蹈“洞理阴阳，祛邪扶正，以平为期”的法则，据“表里先后，轻重缓急”的规矩，用之临床，证之得失。治病立法则领悟入微，方药用法反复玩味。

他日后之所以能成为临床大家，与其对经典熟读深悟，强记硬背，灵活运用是分不开的。

1959年张学文在南京中医学院参加卫生部举办的“全国首届温病师资班”学习时，师从全国著名中医内科专家孟澍江教授。

在此期间，他大开眼界，又经高师指点，学习兴趣日益高涨，学习信心倍增，对历史上金元四大家学派之争有浓厚兴趣。他先细研各派立足之观点，寻四家之区别，后悟其中之缘由，发现四人看法都有理，只是立足不同处。于是各取所长，融会贯通，清滋补泻受益匪浅。对于外感热病寒温学说的两派之争，张学文对两派学术观点细细品味，撷取其精华，通过研读《温热论》、《温疫论》、《温病条辨》、《温热经纬》等温病专著，在对温病学说深刻领会后，很快为其新颖透彻、辨证简明、制方精细、屡试屡效而折服。此成为张学文从事温热病研究的导向之作。

融会古今立新意
温病辨治创新说

张学文在孜孜不倦的学习和感悟中，通过对叶天士、薛生白、吴鞠通、王孟英等温病学家有关温病学理论的理解和贯通，提出了自己独到的见解。如对于温病学的病因理论阐释中，他除了遵循赞同前贤的学术观点外，主张应该重视“毒”在温病发病发展过程中的作用。

张学文认为，温病的病理变化主要表现为人体卫气营血及三焦所属脏腑的功能或实质损害。造成这种病理变化不可忽视的原因是外毒和内毒。毒主要通过发热劫津、耗气伤阴、动血腐肉、损伤脏腑经络四个方面导致温病的发生、发展和变化。毒可生热。发热是温病的主要病理变化。引起发热的因素很多，但感染外邪和化生内毒则是温病发热的重要原因。发热是正气与邪毒交争的现象，标志着人体尚有一定的抗病能力。机体也只能通过阳气生发才能祛除病邪。所以发热在一定的程度上，是人体的一种防御反应。但是邪毒亢盛，热势过高，既损阳气，更耗阴液。在各脏腑器官与阴阳严重失衡的状态下，机体必然遭到戕害，这种恶性循环必然使病变进一步加重。因此，高热又是加重病势的因素之一。

毒易伤阴耗气。毒性火热，每易引起发热的病理反应，导致伤阴耗气。热则代谢旺盛，必然耗伤元气，即所谓“壮火食气”。热则腠理开，汗大泄，气随汗泄，此即《素问》所说的“壮火散气”。毒能耗气，气胜毒则毒消，毒胜气则气竭，正如《医宗金鉴》所云：“气胜毒则毒为气驭，其毒解矣；毒胜气则气为毒蚀，其气竭矣”。

毒伤血动血腐肉。毒入于血，与血相搏，伤津耗液，煎炼营血，而致血少黏稠，瘀阻经脉，甚则毒瘀蚀脉腐肉。正如王清任所说："瘟毒在内，烧炼其血，血受烧炼，其血必凝。"毒行于血，每易损伤脉络，脉络受损，则阻碍血行，亦可造成血瘀。毒可致瘀，瘀可生毒，瘀阻毒胜，病情必重。

毒损伤脏腑器官。脏腑活动以气血为本。气血消耗，内脏功能焉能无恙？倘若毒胜热炽，直接损伤脏腑的血脉肌肉，就会造成实质性的损害，而发生各种危急证候。王清任说："瘟疫之毒，外不得由皮肤而出，内必攻脏腑，脏腑受毒火煎熬，遂变生各脏逆证。"如毒火熏蒸，灼伤肺络，轻则痰中带血，重则咯血不止；邪毒随饮食而直走中道，热毒伤胃则吐血，灼伤肠络则大便带血。

张学文指出：六淫邪盛化火皆可成"毒"。盖有热（火）盛成毒、风盛成毒、暑热邪盛成毒、湿热邪盛化火成毒、燥盛化火成毒、伏寒化温成毒等，并强调指出：外感热病尽管起病之初病因各异，但转化为“热毒证”就具有了共同之病机，概用清热解毒之法，方可切中病机。就卫分而言，有风毒壅卫、热毒壅卫、暑毒壅卫、燥毒壅卫之异；气分热毒证要详辨热毒壅肺、热毒阻肠、湿热邪毒壅遏中焦之不同；热毒侵入营血分，多搏血为瘀，毒瘀交结，灼营耗阴，侵犯心脑，迫血损络，险象丛生，当细心辨治为是。

他在前贤的基础上系统地总结出八种常用的温热病证解毒之法：

（一）宣透解毒法。该法是以宣散解表、透达解毒之品引毒外解的一种方法。它具有疏泄腠理、宣通气血、清解邪毒，使毒由深出浅，透达于外的作用。临床主要用于温病初起，邪毒在表或毒已入里而有外泄之机的证候。

温病初起，邪毒侵袭肺卫，郁于肌表，应

根据邪毒与病种之不同，选用不同的方药以宣透邪毒外出。属风热邪毒者，用桑菊饮、银翘散宣透之；风热邪毒上壅、头面咽喉肿痛者，又可予以普济消毒饮；疹毒郁于肌表不能透发者，则宜宣毒发表汤（升麻、葛根、前胡、桔梗、枳壳、荆芥、防风、薄荷、木通、连翘、牛蒡子、淡竹叶、生甘草、芫荽）；属暑湿邪毒者，宜藿香正气散、新加香薷饮之类宣泄之；燥热邪毒者，以桑杏汤宣散之；兼寒者，可用荆防败毒散以散寒解毒。总之，治疗表证应以表散透达为原则。经过大量实验，已证明解表类药物对某些细菌、病毒等致病微生物有抑制或杀伤作用。

邪毒入里，郁于上焦气分，病位尚浅，病势偏于肌表，仍有外泄之机，应根据毒害部位的不同而区别对待。症见身热口渴，心烦懊憹、舌苔薄黄者，为邪毒初入气分，病在胸膈，宜用栀子豉汤、凉膈散之类以宣透邪毒；若病位在肺，症见身热、咳喘、脉数、苔黄等，则应以麻杏石甘汤清透邪毒。

若肺卫邪毒不解，陷于营分，卫营同病，临床上除表证外，又见心烦，甚至神昏、舌绛脉数等，须泄卫透营同用，可予银翘散加生地黄、牡丹皮、大青叶倍玄参方；邪毒由气入营，则宜以黑膏汤加金银花、连翘、淡竹叶、牡丹皮等。

（二）通下解毒法。该法是攻导里实、下泄祛毒的一种治疗方法。它具有荡涤毒邪、通腑泄热等作用。主要适用于邪毒蓄积于大肠，壅滞不通的证候。

邪毒由卫入气，郁于大肠，胃肠气机不通，糟粕积滞不行，又可化生粪毒。积滞愈久，化毒愈多，病情愈重。常见腑满硬痛、大便秘结，或热结旁流秽浊腥臭，舌苔黄燥、脉象沉弦等症。毒在肠腑，以下行为近为顺。因此，治疗此类病证，贵在通便泄毒。

临床应用通下解毒法，应根据病之轻重，选用三承气汤治之。因内毒不泄，粪毒又生，热毒炽盛，必然影响其他脏腑而并发他证，选方用药亦应随之而变通。肺肠同病，伴见喘促不宁、痰涎壅盛、右寸脉实大者，宜宣白承气汤主之；热毒内闭心包，出现神昏谵语，宜牛黄承气汤主之；邪实正虚，大便不通，则宜新加黄龙汤或增液汤主之。

若属温热邪毒与胃肠积滞互结，阻于中焦，症见脘腑痞满、口苦呕恶、便溏不爽、色黄如酱、舌苔黄腻等，可用枳实导滞汤。

温病毒瘀互结，蓄于下焦，症见少腹硬满急痛、大便秘结、小便自利、其人如狂、漱水不欲咽、脉沉实等，宜用吴又可桃仁承气汤以破瘀散结，借攻下以逐瘀毒。

通下解毒法是温病中运用较多、奏效迅速的一个治法。其目的主要在于逐邪泄毒，并非单纯为了通便。邪毒生热，热致燥结，去其邪毒，则断燥结之源，免致燥结之害。已成燥结，更须急下，使邪毒与燥屎一并下泄，则诸症向愈，转危为安。

（三）清利解毒法。该法是以渗利之品，清利邪毒自小便而出的一种方法。具有疏通气机、通利小便、渗湿泄毒的作用。临床多用于病在下焦、小便不畅之实证。

人体多种代谢产物及毒物都要通过小便而排出体外。若小便不畅，甚至不通，毒物蓄积，无疑会对人体造成严重的损害。所以疏利小便是泄毒的又一重要方法。

温热邪毒蕴于小肠，心烦口渴、舌赤或溃烂、小便短赤者，可用导赤散清心利小便，使热毒下泄。温热邪毒下注膀胱，身热口渴，小便频数热痛，或淋漓不畅，宜利湿泄毒以解热，方如八正散等。

温热邪毒每易损伤肾脏、小肠和膀胱，可导致小便减少或不通，秽浊邪毒无从排泄，又可继而引起其他病症，如头胀头痛、神昏谵语等。张学文崇尚何廉臣之说：“溺毒入血，血毒攻心，甚或血毒入脑，其证极危，急宜通窍开闭，利溺逐毒。”常用导赤泻心汤〔黄连、黄芪、栀子、知母、西洋参、茯苓、益元散、麦冬、犀角（现已代用）、灯心草〕加白茅根、车前子等并调入犀珀至宝丹（犀角现已代用）治疗。

清利解毒法主要适用于热毒炽盛、损伤脏腑的小便不利。对阴液枯竭之小便不利不可运用此法，用之小便不唯不利，反之阴液可为之耗尽。

（四）清热解毒法。该法是集寒凉之品直清里热，以折毒性的一种治法。用后常收到清气、清营、凉血、毒解而热退的效果。临床主要用于邪毒入里，热炽火盛之候。

毒性火热，热由毒生。由于发热津伤，更易化生内毒，变证丛生。因此用寒凉之品以清热，既能对抗毒之特异性致病作用，又可阻止内毒化生，不失为化毒防变的一项重要措施。寒凉药物有辛凉、苦寒、甘寒、咸寒之不同。辛凉之品清热之力较弱，主要在于透散；咸寒药物多为滋腻之品，功效主要在于滋阴扶正。因此，清热解毒法以苦寒、甘寒之品为主，尤以苦寒为常用。临床运用须辨明何病、属气、属营、属血，根据不同病变选择不同方药。

邪毒入气，正气奋起抗争，症见壮热、大汗、心烦面赤、口渴、脉洪大，宜白虎汤加味清泄里热。热毒炽盛，郁而不解而见身热、烦躁不安、口苦而渴、小便黄赤、舌红苔黄，宜苦寒直折，方如黄连解毒汤；肺胃热毒下移大肠，而现身热下利、肛门灼热、苔黄、脉数等肠热下利之证，又宜葛根芩连汤治疗；里急后重、红白痢下者，又须用白头翁汤或芍药汤加减。

毒陷营血，往往病情复杂，证候多变，须

以清热解毒与其他治法配伍应用。营血热毒炽盛，气分之邪未解，三焦弥漫、气营（血）两燔，其症壮热、口渴、烦躁或谵狂、肌肤斑疹，甚或吐血衄血，非清瘟败毒饮则气血热毒难消；热毒内陷心包，须大剂清热解毒配合凉营开窍，方如安宫牛黄丸、神犀丹（犀角现已代用）、清宫汤之类；对毒深在血，耗血动血，煎熬成瘀，毒瘀互结，阴血亏耗者，在清热解毒之外还须加入活血化瘀、咸寒增液等药物，方为合拍。

（五）化浊解毒法。该法是用芳香之品驱解秽浊之毒的一种治法。具有祛湿化痰、透络醒脾、开闭通窍等作用，尤多用于暑温、湿温之类温病。

毒有秽浊的特性，致病多恶秽、败血腐肉。芳香之品可以化浊逐秽，是化毒的重要措施之一。古今解毒方药之中，大多具有气味芳香的特点，特别是在湿温病中，芳香解毒在温病治疗中发挥着不可低估的作用。古今名医多以芳香逐秽、化浊解毒作为治疗大法。

湿热邪毒秽浊之性颇重，侵入人体多伏于膜原。发病则见寒热起伏、脘痞腹胀、舌苔白腻如积粉等，宜以芳香开达膜原为法，方如达原饮；邪毒发于肌表，症见恶寒少汗，身热不扬，午后热甚，头重如裹，舌苔白腻，宜芳香宣化，方如藿朴夏苓汤、三仁汤等；邪毒郁遏中焦脾胃，而见脘痞腹胀、恶心欲吐、大便溏泄等，又宜燥湿化浊，可用芳香化浊法的连朴饮（重加草果 10g 左右）；浊热并盛，毒气上壅，发热口渴、咽肿溺赤、舌苔黄腻，可用甘露消毒丹化浊清热，解毒利咽。

温病邪毒不解，酿生痰浊，蒙蔽心包，导致神识昏蒙，时清时昧，甚或谵语、舌苔黄腻，轻则用苏合香丸或菖蒲郁金汤芳香解毒、豁痰开窍；重则痰浊热毒交混，宜至宝丹、安宫牛黄丸，以避秽化浊解毒开窍。

化浊解毒法是针对毒之秽浊特性的治法，

不仅适用于治疗湿温、暑温类温病，对其他温热病兼夹湿热秽浊者也可酌情使用。

（六）化瘀解毒法。该法是以活血通络之品解散热毒的一种治法。具有疏通血络、透毒外出、防毒再生、凉血止血等作用，主要用于营血分瘀热成毒之证。

热毒入里，损伤血络煎熬血液，致血行瘀阻，血瘀则热毒壅聚不散，进而化生内毒。内毒壅结愈甚，血脉损伤瘀滞愈重。毒为瘀阻，毒瘀交结，宣透难以解结，通利药不达病所，清化无济于事。此时使用活血通络之剂，不但能使血瘀得化，且可阻断内毒化生，更利于解毒药物直达病所和邪毒向外排泄。

邪毒侵袭卫气，未损血脉，一般不用化瘀之品，但有些发斑疹的疾病，邪毒最易扰其肌表血络，应于寒凉透散之中佐以化瘀之品，以通血络，便于邪毒外泄。

毒陷营血，毒瘀互结，阻滞络脉，伤阴耗

血为共有病机。因此，治疗温病营血分证应以化瘀解毒为主要治法之一。温热邪毒内陷心包，瘀塞心窍，为营血分证的常见证候。应首推犀珀至宝丹（犀角现已代用）。亦可用通窍活血汤调入珠黄散或犀地清络饮（犀角现已代用）。

温病的各种血证如吐血、衄血、咯血、便血等多为热毒损络所致，其中必有瘀滞形成，故治宜清热凉血止血与化瘀解毒并举，方能扭转毒瘀交结迫血外溢之势。

（七）益阴解毒法。该法是以养阴活血通络之品清解热毒的一种治法。误服或吞服各种毒药或毒物，由于毒素内留，聚而生热，阻血为瘀，进而毒瘀交夹，一可耗伤津液，二则肝肾受损，甚或犯扰心神，治疗上应以解毒排毒，清热利尿为主，同时又须活血化瘀，兼顾心肾，在刘松峰金豆解毒煎的基础上加减组成绿豆甘草解毒汤。方中绿豆味甘性寒，有清热解毒利尿功效，并可护胃；甘草味甘性平，对各种药物、毒物有解毒之力；丹参味苦性微寒，可活血祛瘀，清热除烦，镇静安神；茅根清热利尿，加速毒物排泄，并可防止出血，兼以护肾；连翘有清热解毒，强心利尿之作用；石斛主养胃阴，益精液，以解热邪并抑制毒物吸收；大黄荡涤毒热，加速毒物排泄并可化瘀止血。诸药相伍，共奏清毒热，开心窍，益阴液，排毒邪之效。

绿豆甘草解毒汤

组成：绿豆 120g，生甘草 15～30g，石斛 30g，丹参 30g，连翘 30g，白茅根 30g，大黄 15～30g（后下）。

功用：解毒益阴，兼顾心肾

主治：食物或药物中毒后，见发热，口干舌燥，心烦呕吐，甚则神志恍惚，小便混浊等症。

煎服法：上方用冷水浸泡后煎服，煎时以水淹没全药为度，文火煎煮，大剂量频服，一般昼夜各服一剂，必要时可服三至四剂。对于接触性中毒患者，则须用药水清洗皮肤。

加减：有黄疸等中毒性肝炎表现者加板蓝根 30g，茵陈 30g；若抽搐频繁加羚羊角 2g（另煎），钩藤 15g（后下），全蝎 6g；若神疲脉弱，汗多无力者，加黄芪 15～30g，白芍 15～30g；若目红唇赤者加栀子 10g，黄芩 10g，黄连 10g。

此方是张学文抢救一位误食大量商陆中毒病人所用之方。后来推广用于多种食物、药物中毒病人，表现为热毒伤阴证型者，皆取得了较好疗效。应用时，首先要问清何物中毒，时间久暂。病人神志清醒时，应先用催吐、洗胃等方法，尽量排除未吸收的毒物。若神志昏迷的病人，应用安宫牛黄丸等，同时应用输液、洗胃，配合针对性较强的解毒剂等多种救治措施，综合治疗。据应用体会，此方可以直接排泄毒素，有加速毒素从大小便排泄的作用，并有保护阴液的特点。

1977 年，陕西中医学院在岐山县开门办学，张学文等被派往岐山高店镇下乡。到达当天，晚饭后大家一起散步至地段医院，却发现医院抢救室外放着一口棺材，大家边走边议论："这地方人真奇怪，人还没死怎么棺材先拉来了?"进去一打听，原来是一个 30 多岁的张姓村妇因家庭纠纷喝"敌敌畏"自杀未遂，医院已经抢救了一天仍未脱离危险，所以家人为其准备后事。张学文等立即征得医院同意为病人诊疗，果断采用"绿豆甘草解毒汤"为病人洗胃、鼻饲、灌肠，在他们的全力抢救下，这个已经走上"黄泉路"的病人，第二天竟奇迹般地转危为安，第四天已可以吃一些流食了。经过 10 天连续使用中西药救治而痊愈出院。

（八）扶正解毒法。该法是以养阴或益气之剂扶助正气为主，酌加清解之品，加强人体自身抗毒能力的一种治法。具有滋阴生津、补益元气、制邪抗毒等作用。一般用于气阴耗伤抗毒无力的证候。

病在上焦卫分，邪毒渐盛，但阴液未伤或伤之不甚，一般无需扶正滋阴。毒入气分，阴液渐伤，须根据阴伤的程度于其他治法之中佐以养阴之品，加强人体抗毒能力。

病入营分时，伤阴逐渐加重，治疗应注意养阴扶正解毒，常用生地黄、玄参、麦冬、芍药等清营养阴。毒入血分，耗血动血，治宜滋阴凉血散血，方如犀角地黄汤（犀角现已代用）。

温病后期，阴虚邪恋，余毒深伏阴分，症见夜热早凉、热退无汗，当以鳖甲、生地黄、知母等滋阴扶正，佐青蒿、竹叶等轻透邪毒。若肝肾阴伤，热毒难退，甚或虚风内动，必以咸寒养阴，以冀“壮水之主，以制阳光”，如大、小定风珠及加减复脉汤之类。

热毒易伤阴液，亦易耗气。气虚则人体脏

腑功能、抗病能力低下。温病中的气虚多伴有阴伤，所以治疗多益气、养阴并用，纯甘温之剂用之较少。

一般的气阴两亏证候，可选用三才汤、救逆汤加人参或人参乌梅汤等，以益气养阴，扶正解毒。若系津气大虚，汗多，脉散大，喘喝欲脱，或化源欲竭，阴不敛阳，脉伏而芤，时时欲脱之重症，宜急以大剂生脉散或独参汤回阳敛阴。热毒内闭，瘀塞心窍，阴液消灼，阴阳偏颇，甚至真阴耗竭，阳无依附而脱（内闭外脱），症见汗出如水、肢冷如冰、脉伏难以触知，当用王清任急救回阳汤，以桃仁、红花通气血之道路，人参、白术、附子、生姜、炙甘草回阳救逆，则内闭之热毒易透易解，外脱之阳气易回易固。遇此紧急状态时，张学文强调要针药并用，可选用生脉注射液、参附青注射液静脉滴注，以挽狂澜于危际。

张学文强调上述八种解毒法均是针对比较

典型的证型而言。但在治疗过程中，更多见的是多法并用。如病在气分常宣透、通下、疏利并施，病在营血分常清热、化瘀合投。临床运用解毒法，既要审查病机变化，坚持辨证施治，根据毒力轻重、病位深浅、证候虚实而选用解毒治法和方药，又要进行辨证施治，准确诊断，明确病因，选择对某些毒邪有特异性治疗作用的方药。如治疫黄的茵陈蒿汤、治大头瘟的普济消毒饮、治痢的白头翁汤、芍药汤等。从临床角度讲，辨病与辨证相结合，更能适应复杂多变的病情，也才能显著地提高治疗效果。

张学文在学习前贤经验的基础上，结合自己的临床实践，率先提出了“毒瘀交夹”新概念。热毒波及营血，必夹瘀血见证，前贤已有定论；而卫、气分夹杂瘀血与否，前人尚无详论。张学文认为，外感热病，热毒与血搏结为瘀，可见于卫气营血的各个病变过程之中，不为营血分所独有，只是瘀象有轻重缓急以及隐显不同而已，故清热解毒、活血化瘀之法可酌情贯穿应用于卫气营血的各个阶段之中。他认为除了六淫邪气炽盛可以成毒外，还有直接感受疫毒等的发病途径。卫分轻者一般不称毒，而高热病重者多夹毒；卫分重证及营血分证，多为毒邪炽盛所致。并据此概括性地提出了“毒瘀交夹”这一中医病理学新概念，主张根据热性病发展的病理机制，灵活运用清卫化瘀、清热化瘀、清营化瘀、凉血化瘀、解毒化瘀、开窍化瘀、息风化瘀、益气生津化瘀、滋阴透邪化瘀等法则来缩短疗程，提高疗效。特别是温热病重证之中的高热、神昏、抽搐、痉厥、斑疹、出血等症，毒瘀交夹证候更为明显。根据这一论点，他认为，营分血瘀证有热灼营阴、瘀热不解；热毒壅盛，瘀滞发斑；热壅瘀阻，迫血妄行；瘀塞心窍，瘀阻气脱；瘀热在营，引动肝风；余邪留阴，瘀热不解；邪久入络，凝瘀胶固等病理概念，并用于指导临床救治现代医学诊断之流行性乙型脑炎、流行性出血热、钩端螺旋体病、败血症、肝性脑病等重危险症疗效显著。经一系列实验研究表明，此学说具有科学性和实用性。1988 年中医古籍出版社出版的首册《当代名医临证精华·温病专辑》中，对他的这一学术见解作了重点介绍。

例如，他详辨邪在卫分的风毒证与风热证的论述，就可见其匠心独运。他分析道：邪在卫分，首先须辨其寒温属性。在此基础上，根据温热毒邪的性质，卫分证又可分为各种不同的证候类型。主要有风毒郁表、风热犯卫、湿温蕴表、暑温袭卫、燥干卫表等，尤以风毒郁表与风热犯卫最为常见。而临床上，人们多只注意到风热犯卫等证，对风毒郁表证治往往重视不够。应把以发热微恶风寒，面目或局部皮肤红肿，身痒或游走性疼痛，舌质红苔薄白，脉浮数等为主要症状者命之为风毒郁表证。此证由风夹温毒所致，治宜疏风透表，清热解毒。

若用桑菊、银翘诸方，往往效果不理想，麻桂辈更不合适。遇此证，以荆防败毒散加减化裁，效果较好。除内服外，尚可用服汤剂后药渣加艾叶等煎汤外洗，或外熏，可增疗效。用本方，药物的加减化裁是很重要的，或用此方加野菊花、土茯苓、僵蚕等药，以加强清热解表，疏风败毒之力，同时亦无荆防等温性之品助热长势之虞，往往收效甚捷。此法对于一些西医诊断的过敏性疾患亦较适宜。

林某，女，38 岁，工人，因汽油过敏，发热（体温 38℃），微恶寒，双臂红肿，局部溃疡，发痒尤甚，鼻尖红痛，舌质红苔薄白，脉浮数。历时 20 余日，经中西医针、药并用未愈。审证分析，辨属风毒郁表。处方：荆芥、防风、枳壳、薄荷、柴胡、黄芩、玄参、野菊花、蝉蜕、紫花地丁、陈皮各 9g，土茯苓 15g，生甘草 6g。上方共服 5 剂，并用药渣加艾叶煎洗前臂，寒热去，肿消痒止，结痂转愈。

至于风热在卫之证，主要表现为发热重，恶寒轻，口燥咽干，口微渴，咳嗽，舌边尖红，苔薄白，脉浮数，其卫表郁毒之证不明显，治疗以银翘散或桑菊饮加减即可。若发热恶寒，颈项不舒者可加柴胡、黄芩、葛根；恶寒甚微者，亦可减荆芥、淡豆豉，加焦栀子、白茅根（可重用至30g或煎汤代水饮）；临证常见热势较盛或卫气同病者，用“清热七味汤”（自拟方），该方由柴胡、黄芩、薄荷、金银花（里热盛者改连翘）、菊花、葛根、生石膏为主组成，具有疏风清热、解毒生津之功。根据临床实际灵活加减，颇有效验。

郝某，女，6岁。发热39℃，不欲饮食，腹胀痛，脉浮数，舌红苔白厚，经用针药治疗，体温反而增高至40℃，并见抽风。辨为风温在卫，内兼食积。处方用：柴胡、黄芩、连翘、菊花、葛根、丹参各9g，焦三仙各9g，枳实6g，生石膏30g（先煎），钩藤5g（后下），薄荷 5g。令急煎服，一剂烧退，二剂痊愈。

对于温病的发热，张学文强调应有正确的认识，不可一见发热即用寒凉直折之品。因为发热是正气抗邪的一种反应，人体防御系统只有通过与毒抗争，才能祛毒外出而解之。早用大寒之品遏其热势，有碍于毒的排泄。正如刘松峰所说："未有祛邪之能，而先受寒凉之祸，受寒则表里凝滞，欲求其邪之解也难矣。"因此，临床运用清热解毒法要准确辨证，掌握时机，不可早用或过用，以免邪毒冰伏不解，不得其利，反逞其害，更不能单纯依靠清热解毒法来治一切温病。

师古不泥勤实践
攻坚急症不畏险

2003年6月10日已近午夜，张学文在灯下审阅博士生的论文。突然门铃响了，寂静夜晚中铃声显得格外刺耳，来人焦急万分，请张学文马上拟方抢救一个垂危病人。原来是一位33岁的王姓妇女遭遇车祸后多脏器损伤，并严重感染，虽进行了脾切除，但术后仍高烧不退、昏迷不醒，已经50多天了，病情十分危重。医院请了著名西医专家会诊，病情仍不见明显好转，医生只好再报病危。正在家属悲痛失望时，有人提议去找中医看一看，但也有人说："西医看不好，中医也没门，这时候就是神仙也不行了。"病人家属万般无奈中，抱着试一试的心情，托人深夜找到了张学文。张学文听后十分着急，但因病人在西安，自己在咸阳，况且次日需要答辩的博士论文必须连夜电传北京（时值“非典”不能赴京），深更半夜不可能亲自见到病人，于是赶紧联系到在西安该医院工作的他的研究生，嘱学生去详细了解病情、察舌按脉，学生将病人情况电话告知后，张学文判断这个多脏器衰竭、严重感染的病人为热毒深入营血，仿犀角地黄汤（犀角现已代用）、清营汤之义加减治之。因病人痰多，再用上牛黄蛇胆川贝滴丸。拟好方药后已是半夜两点多了，电话告诉病人家属，立即给药 1 剂，若次晨病有转机可再给 2 剂，可以用鼻饲和保留灌肠双管齐下的方法及时给药。这一夜，张学文没睡多长时间，心中时刻挂念着病人安危。12 日晨，病人的丈夫专程来到咸阳，一见面老远就拱手喊着：“神仙！神仙啊！”原来病人用药 3 剂后，体温很快从 39.5℃逐步降到 37.9℃，眼睛能睁了，神志也逐渐清醒。张学文说："我不是神仙，中医是神仙。"

随后张学文来到医院，见到病人面色发红，舌色紫暗，脉象弦数，并有手足震颤等肝风内动表现，就在原方中加重平肝息风药，加服安宫牛黄丸。两天后病人病情稳定。随后诊病 4 次，随症加减共用十余剂。到了 7 月 2 日下午，病人家属来电告知，病人与以前判若两人，病情大为好转。病人因气管切开尚未缝合不能说话，但死而复生的她心怀感激，时常点头微笑。后来病人的丈夫告诉张学文，病人住院 50 余天，花费 50 余万元病情都控制不住，而中药仅仅吃了 10 余剂就起死回生，他说："中医太神奇了"。而张学文坦言道，这里面西医也有很大的功劳。

对内科急症的研究和探索，是张学文多年来潜心钻研的又一个领域。50 余年来，他勤读名著，拜访贤达，精心钻研，长期实践，认真总结，为之倾注了大量的心血。特别在中风、高热、昏迷、中毒等病证的机理探讨和治法方药研究中，总结出了一套切实可行、能够付诸临床的经验。他于20世纪80年代编著出版的《中医内科常见急症手册》曾得到原重庆中医药研究所黄星垣研究员的高度赞誉："该书收集了汉代以来治疗内科急症的主要方剂和经验，分门别类，并结合自己的临床经验提出了加减变化方法。书中收集了近年来中医治疗急症的经验，是对古人治疗经验的发展。书中广为收集了民间有效单方、验方，都具有很大的实用价值。"（详见《陕西中医杂志》1981年第6期）

张学文用"绿豆甘草解毒汤"加减，急煎多量频服，成功地救治过敌敌畏、苯妥英钠、利眠宁、磷（大量火柴头）及鲜商陆等急性中毒病人；曾用中药内服外敷法成功抢救过流行性出血热急性肾衰竭无尿病人；运用中医药辨证救治高热惊厥、吐血衄血、尿血便血等急症，疗效显著。近20多年来，他根据疾病谱发生的变化，紧紧抓住严重威胁人类健康的中风病作为中医急症的攻关突破口，带领科研组对中风病从预防到抢救乃至康复都进行了系统的研究，并在中药剂型改革、急症规范化研究等方面作出了显著成绩。

众所周知，中风病因其发病急骤、病情危重，变化多端，而传统的口服煎剂给药法，对于这类危重病人来说多有缓不济急之弊。张学文将在实践中反复验证过的有效方药通过实验先后改制成中药静脉滴注剂（“通脉舒络液”）、肌肉注射剂（“金蒲丹针”）、肛肠灌注剂（“速渗通”）、片剂（“清脑通络片”，即“小中风片”）、口服液（“脑窍通”）等剂型，用于救治中风病，显著提高了疗效。用“通脉舒络液”，配合中药汤剂辨证治疗中风急症237例，总有效率达99.1％，治愈率达74％，与传统疗法及西药对照观察比较，具有疗效高、疗程短、安全可靠、费用低廉和后遗症少等优点。由他主持研究的这项课题荣获1986年度国家中医管理局重大科技成果乙等奖。在当时的历史条件下研制纯中药大型静脉滴注剂是冒着巨大风险的。当制剂刚研制出来，经动物急慢性毒性实验测试其基本安全性后，为了进一步了解其对人体的毒副作用，张学文和科研组的另一位同志率先给自己静脉滴注一周，经亲身体会该制剂安全无毒副作用后才给病人使用。此后多批次的制剂生产出来都首先由他自己试用后再用于临床。该制剂由于改变了传统中药的给药途径，药效发挥更加突出，临床疗效显著提高。自1978年至今作为院内制剂在临床使用30多年，除主要用于中风病外，还广泛应用于治疗内、外、妇、肿瘤各科属于气虚血瘀证病人逾万例，均取得了良好疗效，且无一例严重毒副作用发生。该制剂已由陕西中医学院附属医院转让某药厂研发申报新药。

为了积极有效地预防和延缓中风病的发生，他带领科研组将中风先兆症的诊治率先列为专题进行深入研究。由他为主拟定的“清脑通络片”处方，具有清肝热、化瘀血、通脑络之功效，用其治疗中风先兆症 723 例，取得了总有效率达 86％以上的良好效果，疗效明显优于 101 例西药对照组。此课题先后获 1990 年度省中医药管理局科技进步一等奖、省科协自然科学论文一等奖和 1992 年省科委科技进步三等奖。该组方已由学院转让给天津天士力药厂，该厂正在申报三类新药。对于中风病的康复治疗，他又独具见解地提出“颅脑水瘀证”的新观点，并相应提出“化瘀利水、醒脑通窍”的治疗大法，研制成“脑窍通口服液”，临床效果良好。该药也对临床尚无较好内服药的各种“脑积水”症具有显著的治疗效果。

“七五”计划开始后，张学文先后任全国中医内科学会中风急症协作组副组长、组长以及国家中医药管理局医政司中风病急症协作组组长。他不负众望，与任继学、王永炎、孙塑伦等专家教授一道精心策划，团结协作，在全国形成了覆盖面达22个省市、百余家单位的医教研相结合的网络。在短短八年间，中风协作组取得11项重大科技成果，多次受到国家中医药管理局的表彰。1983年全国中风急症协作组成立伊始，在他们的积极倡导参与下，由北京中医学院（现北京中医药大学）牵头首先制订了一套能与国际交流的《中风病中医诊断、疗效评定标准》，为中医诊断与疗效评定标准的制订开创了先河。此后，又先后制订了中风病护理常规、预防及康复规范和中风病证候辨证量表以及中风先兆证诊断及疗效评定标准。这些艰苦细致而卓有成效的工作极大地推动了全国中风病急症规范化研究工作。

关于中风的病理机制，张学文认为，本虚标实、气血逆乱、瘀阻脑络是中风病发病的关键。概而言之，本虚则损在肝肾、精血不充，血少则舟楫不行或行迟而为瘀；气虚则帅血无力亦可致瘀。标实则为嗜食肥甘，脾失健运，痰湿内生，痰滞脉络终致痰瘀交夹，或瘀痰生热，因热生风，风助火势，燔灼津血，而为痰火，或肝阳上亢、生风化火烁津而致瘀。诸般因素由量变到质变，致使脏腑功能失调，气机升降逆乱，瘀血阻滞脑络，终致中风的发生。脑络为气血津液濡养脑髓之通路。瘀阻脑络，其不甚者，致脑失清阳之助、津血之濡，而致中经络的轻型中风病的发生。瘀阻甚者，加之肝风内旋而上冲颅脑，络破血溢，神明失司，则发为中脏腑的重症中风病。因此，瘀血病机贯穿于中风病变的始终。张学文总结中风病发生发展规律可概括为四期六证，即中风先兆期、急性发作期、恢复期、后遗症期，而六证则为：肝热血瘀、痰瘀闭窍、瘀热腑实、气虚血瘀、颅脑水瘀、肾虚血瘀。

肝热血瘀证，表现为头痛，眩晕或目胀面赤，心烦躁急，或短暂性语言謇涩或失语，或一过性肢瘫无力，大便秘结，或排便不爽，舌质红暗，或舌下散布瘀丝、瘀点，脉弦滑或细涩。此期为中风早期常见的病理表现，治宜清肝化瘀，通脑活络，用自拟清脑通络汤（菊花、葛根、草决明、川芎、地龙、水蛭、赤芍、天麻、山楂、磁石、丹参、川牛膝等）治之，收效甚佳。

气虚血瘀证，系元气虚衰，中气不足而致气虚无力行血，血行迟滞而为瘀的一种证候。症见半身不遂，或肢体麻木虚浮，神疲乏力，语言不利，面色㿠白，舌质淡暗、苔白或白腻，脉细涩等。可见于缺血性中风发作期、中风恢复期及后遗症期。他就用自行研制的“通脉舒络液”（丹参、黄芪、川芎、赤芍等）静脉点滴加辨证口服汤剂治疗急性缺血性中风病，疗效卓著。应用于中风病恢复期、后遗症期也取得了良效。

痰瘀闭窍证，症见突然昏仆，神志不清，肢体偏瘫，喉中痰鸣，语言不利或失语，脉弦滑，舌体胖大或歪斜，舌质暗，舌下常有瘀点、瘀丝，常见于中风急性期闭证或康复初期。由于津血同源，痰瘀相关，决定了瘀血痰浊为本病发生发展的常见格局，久则痰瘀交夹，盘踞脑窍，压迫脑髓，急则神昏窍闭，缓则经络失养而成瘫痪。治宜涤痰开窍，活血化瘀。他采用课题组研究成功的“蒲金丹”（石菖蒲、郁金、丹参等）肌注，配合通窍化痰的汤剂口服，收效甚佳。经临床观察配合北京中医药大学研制生产的“清开灵注射液”静滴，效果更佳。

瘀热腑实证，症见神志昏蒙，偏身不遂，舌强语謇，口舌歪斜，面红气粗，痰声辘辘，呕恶便闭，舌质红，苔黄腻，脉弦滑，常见于中风急性期。治宜通腑化痰，活血化瘀，方选生大黄、芒硝、丹参、川牛膝、石菖蒲、胆南星、瓜蒌等。

颅脑水瘀证，系指瘀血与水湿痰浊互阻于脑络，致神明失主，九窍失司，肢体失用为主要表现的一类证候。（一）神明失主：神志不清，昏聩不语，痰涎壅盛，烦躁不安，行为怪异，呆滞迟钝，失眠健忘，言语错乱。（二）九窍失司：口舌歪斜，视物昏蒙，鼻流浊涕，口角流涎，目光呆滞，或二便自遗，或头痛甚剧，呕吐等。（三）肢体失用：肢体麻木或肿胀，或偏身不遂，重滞无力，手足震颤。舌质暗红，舌下脉络曲张，舌体胖大或边有齿印，脉弦滑。颅脑水瘀证乃“血不利则为水”所致，为诸多脑病之病理关键。常见于中风急性期或恢复期以及其他脑病中。本证急则可因瘀血水浊之病理代谢产物压迫脑髓而变证丛生，病情危重。缓则脑髓失养转为“脑髓消”。治宜通窍活血利水为大法，可仿王清任通窍活血汤加丹参、川牛膝、白茅根、茯苓、琥珀等，并在此基础上研制成功“脑窍通口服液”治疗中风失语，可有效降低颅内压，对小儿脑积水、中风早期康复及脑肿瘤等均有明显疗效。

肾虚血瘀证，症见音喑失语，心悸，腰膝酸软，半身不遂，舌质红或暗红，脉沉细等。由于肝肾同源，精血相生，尤以中风病后期，病人肝肾本已亏虚，精血衰耗，脉络之瘀滞不去，清窍失濡，肢体失用，治宜补肾益髓，活血化瘀，常用地黄饮子加减，如加丹参、鹿衔草、桑寄生、川牛膝、肉苁蓉、桃仁、红花等，或佐黄芪以益气活血，水蛭以祛瘀生新。

活血化瘀法是针对瘀血内停，脉络瘀阻，血行失度而采取的以改善血液循环，化除体内瘀滞为基点的一种有效治法，故活血化瘀法治疗中风病的卓越功效早已为临床及实验研究所证实。他临床体会，活血化瘀药物虽有通经活络、化瘀止痛、祛瘀生新、醒脑开窍的功能，但应用必须有的放矢，适可而止，以免过用伤正，产生流弊。

对于在脑出血急性期是否可用活血化瘀药，有颇多争论。张学文认为，不宜拘泥于常法，而应从分析脑出血的病因病机着手，在脑出血急性期适时适量地用适当的活血化瘀药是十分必要而且有益的。从中医理论上讲，脑出血后，离经之血即为瘀血，且出血愈多，瘀血也越重。瘀血壅阻脑窍，不仅直接损伤神明，且使之失去正常的主司和调节功能，或致脑络不利，津血流行不畅，血滞留而为瘀，津外渗而为水，形成瘀、水并存的病理格局，同时瘀血阻滞，血行失去常道，还可进一步加重出血。故在此期及时加用活血化瘀药，既可减轻脑血肿的形成，加速血肿的吸收消散，防止再出血，又能控制和减轻脑水肿，防止脑疝形成，对于终止和延缓脑出血急性期病理发展环节具有十分重要的作用。在具体的运作上，力峻势猛之破血逐瘀药当慎用，因用之不当反而加重出血，可选用一些具有活血与止血双重作用之品，或酌加数味性能平和之药。在临证时，一般在辨证用药基础上，常加三七 3～6g，水蛭 10g，花蕊石 15g，再加入川牛膝 15g，引热引水引血下行，丹参 15～18g 以养血活血。如此，辨证论治与活血化瘀专药结合，既着眼于整体机能的改善，又直接针对瘀阻脑窍这一病机关键，二者相得益彰，临床同用此法治疗出血性血管病疗效甚为满意。

张学文通过多年从事中医急症理论的研究，并结合自己的临床经验，总结了许多治疗急症的思路、方法及有效方剂，业已在中医界广为应用，并取得了较好的临床疗效。为了使中医治疗急症有一个更好的发展前景，张学文根据自己的切身体验，提出了中医急症的研究方法及有待解决的问题。

怎样开展中医急症学的研究呢？目前国内许多学者对此发表了很多很好的意见，张学文认为，首先对中医治疗急症要有个正确的认识；二是要确立急症研究的方针；三是要有正确的方法。

首先，要纠正一些不全面的看法。由于历史的原因，给医务工作者和人民群众造成了一种印象：西医善治急重症，中医擅长慢性病。这种认识虽有一定的根据，但很不全面。因为中医、西医各有所长，各有所短。在治急症方面更是如此，故不能一概而论。有关如何正确看待中西医学体系的论述颇多，日本伊原信夫在《如何验证中医学的临床疗效》中认为，“在治疗方面，现代医学的实际治疗不是直接针对病人，而是针对疾病模型；病人是通过模型接受治疗（诊断体系与治疗体系脱离的逻辑、必然性就在于此）。在进行这样的诊疗时，医生与病人表面是一对一地面对面，但是医生的眼睛在原则上是对着疾病模型，而不是直接面向病人。总之，病人成了提供情报资料的素材。与此相反，中医学对疾病反应和情报，是不脱离现场和具体的个体，而作为一个整体来掌握，因而治疗也是直接针对该病人”。中医诊病尽管接受情报的是人，“人的确没有器械那样正确和公正无私。但是‘人’这个精密仪器，不管处于什么位置，都能立即出现于病人的面前，接受情报、研磨、澄清、锻炼感觉，越过个人、时间、世代、场所，不断地运用归纳法和演绎法，使情报类型化和系统化，并进行校正，以尽量排除容易变移的直觉的弊病。不要忘记，如此便利而且有效的仪器，在世界上还未曾制造过，而且也不可能制造”。所有这些中医的独到之处，在急症的诊断与治疗上，必然发挥其独特的作用，以弥补西医治急症之不足。虽然中医救治急症还存在着重重困难，面临着上述多种亟待解决的问题。但是只要我们能树立百倍的信心，争取主动，敢碰急症，并始终坚持以严格科学的态度进行急症的研究，就一定能克服困难，解决这些复杂而繁多的问题，把急症学的治疗水平提高到一个崭新的阶段。因此，张学文认为，在开展中医急症学研究之先，必须首先对中医的长处和短处有一个清醒的认识，有一个恰当的评价，还要在报纸、杂志或学术会议上进行必要的宣传，不仅使广大中医人员有正确的认识，还要使整个社会都了解这方面的知识，以纠正由于历史原因造成的局限，促进中医急症学的研究和发展。

要有正确的方法。中医急症学研究，方法是多种多样的，据各地的经验，在改革中药剂型和给药途径上出现了较好苗头。张学文认为，在改革中药剂型的过程中，以中医理论为指导，以中医辨证为依据，以西医的检验和诊断作参考，研制出疗效肯定、经得起重复验证的药剂，如像能供静脉注射用的清气、清营、清热凉血、固脱回阳、息风镇惊、活血化瘀的针剂以及养阴增液的大型输液剂，这可能是中医急症治疗学创新发展的一个重要内容，是提高中医急症治疗水平的一个急需解决的问题。

除此而外，亦应重视中医传统理论和治法的提高。如举办中医急症学提高班或专病班，收集编写理论密切结合实践的中医急症学讲义，或加强各科教材中有关急症章节和内容的编写，加强急症学研究基地或急症研治中心的建设，定期开展急症学术交流，并积极创办急症学研究刊物和加强文献资料交流等等。近年来，我国中医急症学研究越来越受到重视，在理论研究和临床研究方面都有较大进展，中医急症学的专著也有许多出版。如果我们能进一步加强中医急症学的研究，必将对中医药学的发掘、整理、提高和创新产生深远的影响，中医后继乏人和乏术的局面将有望改善，从而进一步推动中医学术的发展。

承前启后深思辨
疑难病症善攻关

1999 年 5 月的一天，西安灞桥区水流乡一吴姓病人被四个人抬进了张学文的诊室，但见其“面色青黑，体瘦如柴，腹大如鼓”，等候就诊的七八位病人吓得恐慌避让。据病者家属讲，病人在西安某大医院被诊断为“急性黄疸型重症肝炎”，住院 40 多天，病情却日渐加重，黄疸越来越深，卧床不起，生命垂危。医院已告诉家人准备后事，如今只能抱着试一试的态度找张学文看看。

诊见病人面目青黑暗黄，时有发热恶寒，乏困无力，腹大如鼓，少腹满痛，小便黄赤，大便色黑而溏，舌质紫暗，苔灰厚腻，舌下散布瘀丝瘀点，脉沉细尺弱。张学文诊断为一种少见的疑难病——“女痨疸”，属于黄疸病的一种。辨证属于肾气亏虚，血瘀疸阻。决定运用“益肾、活血、退疸”的方法为其治疗。遂宗肾气汤合茵陈五苓散方义处方：干地黄、山药各15g，桂枝10g，茯苓20g，泽泻、白术各12g，茵陈30g，丹参15g，炒杜仲12g，川牛膝、白茅根各15g，桃仁10g，红花6g，黄芪30g，黄柏10g，水煎服。病人服药3天就有了效果，7天后病情明显减轻，两人搀扶就能慢慢行走。此后以上方为主稍事加减，两个月后病人即痊愈。10年后病人随诊高血压病时，诉肝病再未复发，一般状况还强于同龄人。

从医50余年来，张学文从死神手上抢夺回来的生命数以百计。

内科疑难杂症散见于各脏腑病变之中，是临床治疗颇为棘手的病症。张学文在长期临证经验的基础上，为启迪后学而撰写出40余万字的《疑难病证治》一书，分别从疑难病的概念、疑难病辨证思路与方法、方药运用体会等方面，阐述了他的证治思想和临证经验。在他的研究生们协助下，重点对中风、解颅、眩晕、癫痫、老年性痴呆等中医脑病范畴的病证进行了逐一的总结和探讨。《疑难病证治》由人民卫生出版社于 1996 年初版、2005 年再版，因供不应求，先后多次印刷上市，该著作曾得到全国著名中医学家董建华的高度评价（详见《疑难病证治》1996 年版序评）。董老评述道："该书从纵观古今的角度，融理论与实践于一起，释疑难本意，析辨疑思路，展难病治法，系集作者数十年治疗中医内科疑难病体会之深者及方药运用匠心独到者编撰而成，不求概全，但求实用，不泛泛而论，处处以治验为据，诚中医疑难病领域又一力作矣，实内科疑难病患者一大幸事。"

张学文在《疑难病证治》中对疑难病辨治思路与方法从八个方面进行了系统总结：前车

之鉴认真总结、辨证求精求深求细、筛方选药知药善用、创立新论另辟蹊径、觅寻秘方出奇制胜、广开思路中西汇参、汇集众长协同作战、持久战略守方徐图。他又将半个世纪来诊治疑难病潜心研究的八种常用治法悉数列出，无私奉献：启思路活血化瘀、祛痰浊可愈怪疾、顽病痼疾施虫剂、疑难久病须扶正、益中焦疑难可解、通二便可释疑难、治疑难莫忘解毒、补肾活血疑难寻。

1998年张学文退休后，为了继续带教学生，完成科学研究，他成立了疑难病研究所，对各种症状古怪却又查不出病因的疾病投入了大量精力。诸如有半夜起来莫名其妙地拍手直到筋疲力尽者，有三伏天穿着棉袄皮靴还冷得浑身发抖者，还有壮汉突然变得全身无力连手指都无法动弹者……这些病人求治无门，痛苦得几乎失去了活下去的勇气，他们都来找张学文。张学文根据多年的临床经验和中医知识，用独特的药方为痛苦无望的疑难病患者驱走了病魔，获得了“新生”。例如西安有一位夏天都必须穿着冬装的女病人，其丈夫多年来只能与其分居，因为住在一起，不是丈夫热坏了，就是妻子冷得不行。张学文诊断认为，该女病人是肾虚后邪气乘虚而入。他开了温阳益肾活血化瘀的中药方，调治一年余，现在女病人夏天像正常人一样穿起了漂亮的裙子。

1975 年 1 月 23 日，他接诊了一个 6 个月大的男患儿闫某，出生后即头颅膨大，前额向前突出，目睛下垂，肢体活动障碍，智力较弱，经西安儿家大医院均诊断为先天性脑积水，除插管抽水外再无其他根治方法。家长在无奈中，经人介绍找到张学文以求最后一试。只见小儿精神萎靡，面色㿠白，囟门膨出，目睛下吊，头颅膨大叩如破壶，呈上大下小形状，头皮脉络怒张，频频吐乳，手心发烧，指纹青紫。张学文悉心思辨，判断其为先天不足，水瘀互结颅脑所致。处方：赤芍、川芎、琥珀、桃仁、红花各3g，茯苓24g，泽泻、川牛膝、葱白各6g，红枣7枚，生姜3片，麝香1g（分10次冲服），黄酒60g为引（分10次入煎）。

上方在3个多月内共服30余剂，患儿头颅外形明显缩小，能自动抬头，会叫爷爷、爸爸，精神好转。逐渐会坐、会站，但尚不能学步行走。继以上方去姜、枣，加车前子、丹参各9g。继续服用一个月，病情大为好转。一年后随访，一切正常。20年后随访已入伍参军了。

疑难病症首先是诊断困难，病因不明，往往令人束手无策；有些病因虽已明了，但因缺乏有效的治疗方法或手段，对其也只能是望洋兴叹。张学文怀着勇于探索的精神，发挥中医的特长，认真思辨，治顽疾常常效果显著。病人司某，男，40岁，工人。1992年5月16日初诊。因头昏乏力，牙龈出血伴脾大一年余，曾在西安某医院住院5个月，经多次会诊，确诊为罕见的“多毛细胞白血病”，经多方治疗，效果不著。求诊时仍头晕眼花，面色无华，有时齿衄，唇色淡，皮肤发黄，舌苔薄腻稍黄，脉弦细数。心肺未见异常，肝肋下2cm，脾肋下2cm，表面光滑无压痛，血小板计数81×10^9/L。反复推敲，张学文思辨其证属脾肾两虚，阴亏血滞。治以补益脾肾，养阴活血止血。处方：生熟地黄各15g，制何首乌30g，鸡血藤45g，当归、怀牛膝、鹿角霜、肉苁蓉、白芍各12g，麦冬、焦山楂各15g，三七粉3g（冲服），阿胶10g（烊化）。6剂，水煎内服。

1992年5月24日二诊：上方服6剂后精神好转，头晕消失，纳食可，但仍感乏力，劳作后加剧，时有齿衄，面色少华，眼睑色白，二便调，脉较前有力。继以前方去生地黄，加巴戟天、狗脊各10g。

此后每次来诊时，均以此基本方加减，曾加炙黄芪30g、五味子10g、党参15g、炙甘草

10g、杜仲炭10g出入，守方继服，病情逐渐好转，至7月10日，服药历时近两个月，病情稳定，精神转佳，困倦乏力之状大减，化验血小板数上升至$120\times10^9/L$，纳食可。继用上方为丸善后巩固。

针对此案张学文指出：多毛细胞白血病，是现代医学的诊断，治疗较难。本病系一种特殊类型的慢性B淋巴细胞白血病。病人常表现有贫血、发热、脾肿大，外周血细胞往往减少。诊断本病的主要依据是在外周血或骨髓中见到有特征性的多毛细胞。尽管如此，由于病人表现出一派脾肾两虚征象，兼有阴虚血瘀症状，用中医理法仍然可以辨治。故自始至终以补益脾肾为主法，稍佐益阴活血止血之品，守法守方近两月，终于获得临床好转。此案说明，诊治疑难病，一要敢诊敢治，坚持用中医之所长，不为其他因素所惑；二要准确辨证，守方久服，不要朝三暮四，动辄改法易方致使半途而废。

张学文治疗疑难杂症擅长应用丹参。他深悟丹参药性，对其临床运用可谓炉火纯青，言必丹参、法当活血，在处方用药中对丹参可谓“情有独钟”，以致在学术界有人对他冠以“张丹参”之雅称。但细观张学文的临床处方用药，也绝不尽然，关键在于辨证论治，因病而异。

张学文认为，丹参是常用活血祛瘀药，其用途广泛，疗效卓著，性平无毒，药源广而价廉易得，是一味值得认真研究和推广的药物。无论是人体上部疾病还是下部疾病，是五脏六腑内疾还是躯体皮肤外患，是寒凝虚瘀还是热瘀积滞，在辨证的基础上把握好剂量灵活施用丹参常可获得著效。

例如他用丹参治疗人体上部疾病，对突发性耳聋，因肝肾不足，血行不畅，耳窍失聪，经中西药物治疗久治难瘥者，治用知柏地黄汤加丹参、磁石、蝉蜕、川牛膝，临证屡验。治肝热上犯耳热怪症，则以丹参与磁石、菊花、夏枯草、生地黄、龙胆草、川牛膝等为伍，清肝火，化瘀滞，通窍络，临证用之，其效甚佳。治疗高血压者，多在辨证论治基础上选配丹参、磁石，效果卓著。对肺气不宣，血行不畅之咳嗽，常用丹参配杏仁、桔梗、川贝母等，宣肺活血，降气止咳，疗效昭彰。

他用丹参治人体下部疾病时，取丹参通血脉，活血通痹，苦降下行之效，对下部经脉瘀滞者用之尤验。如治下肢关节风湿痹痛，常以丹参配川续断、独活、川牛膝、桑寄生之属；若风湿热痹，关节红肿热痛者，则以丹参配银花藤、苍术、川牛膝、黄柏、赤芍、松节等；治下肢脉管炎常以丹参配当归、鸡血藤、玄参、生甘草、金银花、桂枝、穿山甲等；对月经不调、经闭或产后血瘀腹痛者，丹参配当归、香附、益母草之类，或丹参一味为末白酒送服，皆有效。治疗肝肾郁（瘀）热之阳痿、早泄，则以丹参配生地黄、熟地黄、知母、川牛膝、黄柏、莲须、阳起石、山茱萸、郁金、羌活、白芍等，名曰固精启阳汤，疗效明显。

他用丹参治疗虚证，是针对久病正虚，血行无力，久虚多瘀而设。他认为，丹参祛瘀生新，行而不破，前人有“丹参一味，功同四物”之说，《本草纲目》谓之“养血”。用之治疗虚证眩晕，本杞菊地黄汤之意创益肾定眩汤（杞菊地黄汤加丹参、磁石、川芎、天麻），对头晕，腰脊酸软，舌暗淡，脉沉细而涩等肾虚夹瘀者甚效；对血虚心悸失眠者，又常以丹参配炒酸枣仁、当归、生地黄、五味子等治之，此即《大明本草》所谓“养神定志”之意也。治气血大虚、肾气亏耗、瘀血不行之虚劳证，又惯以丹参配炙黄芪、当归、何首乌、巴戟天之属取效。

他用丹参治疗实证，也是分析到六淫七情，伤及机体日久，终可导致气血不畅，从而发生气滞血瘀之病机。他取丹参活血行瘀，破宿生新之功，临床用于实证治疗也多有效验。如肝胃气痛者，仿丹参饮之义常以丹参配檀香、砂仁、郁金取效，此乃气机郁滞，血行不畅，故理气活血，相得益彰。以丹参、茜草根、鸡血藤、紫草、大红枣为伍，治疗过敏性紫癜屡效，此即丹参能“破宿血，生新血”，使离经之血归经是也。针对狂证病机多火、多瘀、多痰，在辨证遣方基础上，大量配以丹参可取效。对水肿经闭者又常以五苓散配丹参、琥珀、益母草等收功。

张学文认为，丹参具有养心安神，善除虚热，止忡定悸之效。因丹参味苦性寒，入血归心，能清心火，除血热，安神志，定悸烦，故临证用之得当，则病瘥迅捷。如对血虚心悸失眠者，常用丹参与柏子仁、当归、生地黄、五味子、炒酸枣仁等相伍。而对心悸怔忡，属心气不足，气虚血瘀者，也可以补阳还五汤加丹参、炙甘草、麦冬等治之。对胸阳不振者，用瓜蒌薤白汤或宽胸通痹汤（丹参、瓜蒌、薤白、檀香、降香、桂枝、鹿寿草、山楂、川芎、麦冬、田三七、赤芍）。对气阴两虚者，用生脉散、益脉通痹汤（丹参、太子参、麦冬、五味子、瓜蒌、炙甘草、炒酸枣仁、降香、山楂、鹿衔草）。治胸痹胸痛、失眠惊悸、脉律不齐等症，用炙甘草汤之义创丹参安心汤（丹参、西洋参、苦参、玄参、炒酸枣仁、麦冬、炙甘草、桂枝、山楂、鹿衔草），临床运用皆获良效。他细细思索其治病之理，无论胸阳不振或气阴两虚等，皆可致血行不畅瘀血阻滞而病，故按“不通则痛”之理，运用丹参寓化瘀于辨证方药之中，可增其效也。《本草纲目》谓之“活血，通心包络……去心腹痼疾结气”，《滇南本草》言其能：“补心定志，安神宁志，治健忘、怔忡、惊悸、不寐”。可见丹参在治疗心胸部各种原因所致之瘀血证方面，是值得重视的药物。

张学文常取丹参祛瘀生新通百脉之功效，

每每用于救治危笃痼疾常显奇功。如治中风，他宗王清任补阳还五汤之意创通脉舒络注射液；治中风、脑肿瘤、脑积水等属颅脑水瘀证者，宗王清任通窍活血汤之意创脑窍通口服液（主要成分有丹参、桃仁、麝香、白茅根等）；治中风先兆、预防中风发作，创清脑通络片（主要成分有决明子、丹参、水蛭），临床疗效卓著。治疗昏迷闭证属热闭者，他将安宫牛黄丸用丹参煎汤灌服或鼻饲；对寒闭者，将苏合香丸用丹参煎汤灌服或鼻饲；而无论寒热闭证皆常以丹参注射液兑入葡萄糖注射液中静滴。治脱证，常以参附汤加丹参之属煎服或丹参注射液兑入葡萄糖注射液中静滴，而昏迷凡属痰湿郁闭者又皆配以蒲金丹注射液（石菖蒲、郁金、丹参）肌注，每日 2～4ml，同时可用丹参注射液 4～20ml 兑入 500ml 葡萄糖注射液中静滴，常可使病人症状减轻或转危为安。实践证明，丹参在治疗心脑血管病及神志病变方面主要作用在于其活血通络达四末，祛瘀生新利窍闭。对出血性和缺血性中风常常配伍丹参以活血化瘀而均能获效。对癫痫的治疗，则常用丹参配石菖蒲、远志、白茯苓、僵蚕、胆南星之属治之。治肝肾阴虚阳亢、痰瘀深伏血络之惊叫证，又以丹参配龙齿、川牛膝、琥珀、女贞子、牡丹皮、羚羊角粉等。且对此等疑难怪症又常用辨证口服汤药另配丹参注射液每日 4ml 肌肉注射，可使长期治疗无效者病情好转。

张学文还擅长施用丹参治疗肝胆郁滞之疾，癥瘕积聚之患。他分析气滞、血瘀、水停积于腹中日久，往往形成癥瘕积聚之证。而丹参归肝经入血分，善行血中气滞，活络消肿，瘀去而水行，故可常用之。如乙型肝炎属肝肾阴虚者，以一贯煎加味必配丹参；黄疸各期，辨证用药也每配丹参；对鼓胀水湿瘀阻者，也常以丹参、柴胡、当归、鳖甲、牡蛎、鸡内金、大腹皮、茯苓、三棱、莪术等相伍；治胆结石，则丹参配大黄、鸡内金、金钱草、柴胡、枳实等。如此处方，对改善肝胆功能、软化肝脾、缩小肿块、化瘀排石等，疗效皆较可靠。丹参的药理学研究表明，其具有降低转氨酶，保护受损的肝细胞，促进肝细胞再生和抗纤维化等作用，此正乃《神农本草经》所说之丹参“祛寒热积聚，破癥除瘕”也。

张学文认为，丹参还具有化瘀利湿通达三焦之效，故可用于阴水及阳水的治疗。下肢水肿及全身浮肿，腰酸乏力，属肾虚血瘀者（如慢性肾小球肾炎、慢性肾盂肾炎、肾病综合征等），用益肾化瘀利水汤（五苓散加丹参、黄芪、桑寄生、益母草、川牛膝、山楂、白茅根、通草）；治下肢浮肿，困倦乏力，脘腹胀闷疼痛，舌质瘀暗，脉结代，系心阳虚弱，水湿血瘀所致者，常用真武汤合丹参、桃仁、黄芪、白茅根；肾阳不足者投以金匮肾气汤加丹参、白茅根、杜仲等；气滞水停者以柴胡疏肝散合五苓散加丹参等；阳水面目浮肿（急性肾小球肾炎等）属风邪遏肺，三焦气机不利者，越婢加术汤加丹参、茯苓、车前子、连翘等品治之；属肺气虚寒，水道不利者，苓甘五味姜辛汤加丹参等，皆可增强疗效。他深切体会到临床上只要辨证准确，合理运用丹参，常可有利于消除尿中化验之异常。

他还常常教导学生，丹参具有凉血解毒、消肿止痛、排脓生肌功效，治疗痈毒疮疥皆可应用。如他在临证中常将丹参配连翘、天花粉、蒲公英、瓜蒌等药消乳痈；配金银花、连翘、乳香、没药治痈肿疮毒；治疗急性阑尾炎以大黄牡丹皮汤加丹参、红藤等药效果甚好；慢性阑尾炎又常以丹参配柴胡、茯苓、黄连、木香、延胡索、香附、蒲公英、神曲等取效；由于丹参还具有凉血解毒之性，故用绿豆甘草解毒汤临证治疗多种中毒每可获效。对湿热毒瘀阴痒带下者（如尖锐湿疣、宫颈糜烂等），常以丹参配黄柏、苦参、生甘草、白术、苍术、怀山药、土茯苓、地肤子、野菊花、白果等内服外洗，疗效明显；对湿热瘀毒热痢者，又常以白头翁汤加丹参，兼高热神昏者另配安宫牛黄丸合丹参煎服，皆可使疗效提高，疗程缩短；对湿热疥疮，则以丹参、苦参、蛇床子等煎水熏洗患处。

张学文擅长施用丹参并非孟浪通用。他常告诫学生，丹参具有凉血活血之功，对于长期便秘者加用丹参 30g，有利于缓解便秘，而对脾虚便溏者、妊娠者均宜慎用丹参。另外，丹参之用量，古今差别很大，据他应用体会，一般成人常用量在 10～30g 之间，个别者可用至 60g，且先从小剂量开始，逐渐加量。

张学文治疗疑难怪病不仅擅长在辨证施治基础上对常用中药调兵遣将，更是擅用药食共用之品治疗疑难之症。如他用黑木耳治疗多种杂症就尤显匠心独运之处。他认为黑木耳具有降脂祛浊，活血通络，消食化积，润肠通便之功。故凡年老体弱，血脂增高，手足发麻，头昏目眩，血行不利等症，均可在炒菜时加用泡软洗净之适量黑木耳，经常食用能明显改善症状，也可煮汤或研粉冲服，坚持长期应用效果显著。他治疗误吞金属之物，以黑木耳 30g，温水泡软，洗净除去杂质，与韭菜同炒后食用，可因缓下作用带出金属之物。

他用黑木耳曾治愈四例顽固性胃柿石症：黑木耳 30～120g，泡软洗净，加入蜂蜜适量，吃木耳喝蜂蜜水，一般服用 3～4 天即见效，坚持服用直至治愈。其机理就是利用其“利五脏，宣肠胃气，排毒气”的作用，消食化积，润肠缓下。

振兴中医为己任
呕心沥血育新人

张学文家里客厅沙发的正上方悬挂着一幅牌匾，上书“杏林恩师”四个遒劲有力的大字。这是72名研究生在张学文70大寿时送来的，学子们以此表达他们对恩师的感激和敬佩。

陪伴张学文走过50多个春秋、默默无闻的老伴不无骄傲地说：“老张是中医的人，是学校的人，是医院的人。我们的家不过就是他休息的地方罢了！”张学文说：“功劳簿里有她的一半，家里大大小小的事我从不操心，五个孩子读大学都是人家的功劳。”这些质朴的言语展现了夫妻的恩爱，正因为有老伴的全力支持，才使张学文全身心地扑在他热爱的中医事业上。

进入张学文的书房，最引人注目的是桌上高高叠起的一堆信件。细细翻看，大多数是全国各地的医学院学生和病人的来信，字里行间充满着对这位誉满三秦的老中医的感激和敬佩。张学文的妻子“数落”老伴退休后更加忙碌，要么一头扎到疑难病研究所，要不就是奔赴国内外各地讲学带徒。“发展中医事业已经是我生命活力中的主要成分了。”张学文感叹。这位已逾古稀之年的名老中医近几年更加清晰了自己抓“急症”和“疑难病”两头，带动整个中医学术发展的思路。

为了推动中医急症学术的发展，振兴中医事业，张学文积极倡导要加强中医急症理论和临床研究工作，曾先后在许多报刊杂志上发表文章，阐述有关治疗急症的思路与方法，在社会上引起了较大反响。为了培育中医急症研究工作的新人，他在教学环节上，率先对在校本科生和研究生进行了中医内科急症的强化教学。

几十年来为国家培养了一大批优秀的高级中医人才。为了进一步强化中医急症的理论研究，自1978年以来，他先后招收了以研究中医急症为主的温病和中风专业的硕士研究生72名，有20余人继续攻读，已获得博士学位。近年来，他退休后，又为广东、浙江和陕西等省带教高级学徒7人。

张学文认为，培养研究生和师带徒的传承方式很好，师生之间可以相互学习。老年与青年交流，互相汲取对方长处。在做人方面，培养过硬心理素质方面，养成良好医德医风方面，都可以以对方为师，互相启迪。他对个别利欲熏心者，持批评态度；而对踏实认真，诚实守信，爱学习，肯钻研的弟子和学生则赞誉有加，是非褒贬非常明显，从一个方面反映了张学文的荣辱观和人才观。为了培育更多的中医急症新生力量，张学文不辞劳苦，常常奔波于全国各地讲学、诊病，传播中医急症研究的新思路、新方法和新成就。为了启迪后学，他先后主编了《中医内科急症学简编》、《中风病防治研究》、《疑难病证治》、《医学求索集》等专著，洋洋数百万言，字字凝聚着他为振兴中医事业的一片丹心。

对学生，张学文同样充满了关爱。1997年，张学文听说陕西中医学院不少山区来的特困学生生活很清苦，经常只吃馒头夹辣椒，就主动将自己享受的国务院政府特殊津贴捐给两位大学生，一直到他们毕业。在张学文眼中，“中医历来是仁心仁术，悬壶济世，资助学生完成学业，就会给中医事业壮大一份力量”。

在张学文医德医风的熏陶下，他的得意门生们也在不同的工作岗位上展示着导师的风采，个个思维活跃，言谈儒雅。他的弟子姜良铎、杜力军、王景洪、刘华为、周永学、李军、孙景波，分别在北京中医药大学、清华大学、陕西中医学院、陕西省中医药研究院、广东省中医院等单位指导着博士、硕士研究生，颇多殊荣；浙江的万海同、大连的解建国、湖南的申锦林、河南的金杰等人也相当出众。在他们的共同努力下，一辈传一辈、一人传一人，共同继承着张学文的医风医术、教学风范。

张学文的首届温病专业研究生，现任北京中医药大学教授、主任医师、博士研究生导师的姜良铎对恩师多年教诲念念不忘：“老师确有大师风范。传授医术不厌其烦，又精益求精。对学生不但有学术要求，而且对为人品质要求更高。他治学严谨，师从导师多年真让我受益匪浅。”

张学文带教的温病专业研究生，现任清华大学教授的杜力军对恩师的培养与教育记忆犹新。回忆起恩师的教育和培养，他激动地说：“张老师治学严谨，在继承和发扬中医学的领域作出了突出贡献。跟从他学习医学，使我受益匪浅，也对我今后的学术、工作起到了很大作用，产生了深远影响。”

广东省中医院针灸科符文彬也是张学文的学术继承人，跟随大师学习中医感悟颇深。他深情地说：“开朗、乐观的张老令中医学习变得轻松、愉快，张老每年两三次来广东讲课，通常水都不喝一杯，一口气讲到下课。张老对脑病、温病研究得很透彻，处方用药很特别。跟着张老上门诊学习多次，印象最深的却是张老的笑容。张老经常鼓励病人，对心境不佳的病人感染力很强，使他们增强了战胜病魔的信心。”

如今，聆听过张学文教诲的学子不计其数，手把手一对一精心培养的弟子百余名，他们都秉承着张学文的医德医风，不断弘扬着中医文化精华，业已成为推动中医事业发展的一支生力军。

振兴中医事业，既不能后继乏术，更不能后继乏人。针对目前中医学术研究中存在的突出问题，张学文提出了自己颇有见地的主张。

其一，正确对待中西互参的问题。他认为，中西医是产生于不同时代的两种医学体系，各有所长，故只有相互间优势互补、扬长避短才能更好地造福于人类。科学技术已相当发达的今天，对有些疑难病借助于现代科学仪器的检测手段，一般均可以得到正确和及时的诊断。而这些检查、化验和诊断手段，对于提高中医辨证论治的精确度和诊治水平，有很好的参考价值。如CT、B超、核磁共振等现代先进的检查设备，中医也要善加利用，借以发展自己。而结合这些化验检查，可以扩大我们望诊的范围，有助于使我们的“四诊”深入到微观层次，何乐而不为？因此，他主张发扬“拿来主义”，凡一切对中医辨证论治有实用意义和参考价值的现代科学技术与手段，概不排斥，且应善加利用。但必须坚持中医药基础理论和临床特色，以我为主。

他在临床中发现，有的患者虽然自我感觉病痛较著，而经仪器检查和化验却未发现阳性体征。在这种情况下，往往经过中医仔细辨证，服用中药后常常能收到较好的疗效。值得注意的是，人的病理状态处于一个不断变化和运动的过程中，在西医检测指标未能确诊之时必须突出中医辨证特点，临床辨证用药，虽可参考西医检查结果，但一定不能受其束缚，要充分发挥中医辨证论治的优势。

其二，处理好动物实验和临床研究的关系。20 世纪 80 年代初期，国内开展了以建立动物模型为核心的中医实验研究，代表了此后的一种学术思潮。动物实验一度成为中医各专业研究生毕业论文的必备内容。中医实验研究起步较晚，如何建立病证相符的中医证候学模型，突破过去以“指标”为重心的中医动物模型研究思路，可能成为今后开展中医实验研究首要解决的问题。在这里需要说明的是，开展实验研究的目的，是为了加速我们的经验观察以及经验积累的过程，是要在实验研究中去开拓创新我们的理论和思路，是对中医临床科研的有益补充，通过实验研究有助于中医与国际间的学术交流与合作。但一定要处理好实验与临床研究二者的关系，掌握好“以我为主，为我所用”，突出中医辨证论治特色的原则，方不至于误入歧途。

其三，处理好继承、创新和发展的关系。中医学理论体系博大精深，为中华民族的繁衍昌盛作出了巨大贡献。中医历代文献中所涉及的病名、病种几乎涵盖了现今临床所有病症。列及的理法方药和治疗手段亦非常丰富。例如中风先兆证的研究方面，现代医学从20世纪70年代才着手研究“中风预报”，而古人则早已发现并明确提出中风先兆症，对其临床表现和发病机制作了大量的论述，对现今中风病的预防仍有指导意义。因此，我们无论从事临床还是科研工作，都可以从中得到启迪。

张学文坦言：“回想我们这一代中医的成长道路，都无一例外要苦读中医经典著作，勤于临床实践，阅读大量的医案，从中汲取宝贵经验，来开阔视野，培养中医素养。如许多老前辈至今尚能对中医经典原著，出口成诵，耳熟能详。”有感于目前不少中医院校毕业生中医水平下滑，甚至于一些硕士、博士也存在同样的问题，他认为其根本原因还在于淡化了对中医经典著作的学习，忽视了对临床实践的刻苦磨炼。一句话，没有处理好继承和创新之间的关系。张学文强调说：“继承是创新的前提，创新的目的是为了发展，没有继承也就无所谓创新。没有继承的创新，最终都是无本之木，不会有生命力，更谈不上发展中医。”“问渠哪得清如许，为有源头活水来”，几千年来古人给我们留下的丰厚的中医学遗产，就是我们今天发展中医、扩大中医临床阵地的源头活水，要想发展中医，非此难以达到目的。

回顾50余年的从医历程，张学文深深体会到中医药学的博大精深，他感慨道：“即使我倾全部精力去学习也未必能登堂入室，窥其奥妙。也使我感到只要打下坚实的中医基础，下决心深入钻研和理解，汲取前人的经验和教训，诚恳地向同道学习和请教，勤于临证，勇于实践，大胆创新，科学总结，就一定会对中医药事业的发展作出有益的贡献”。

大医精诚勇攀登
医德高尚惠世人

张学文耕耘杏林50余载，遵循“万事德为先”之总则，把济世活人之术作为积德行善之业，处处以病家为重，时时以药王自律。他在学术上勇于创新，在临床上精益求精，在科研上成果累累，在教学上桃李满园，毕生执着于中医药事业，大力宣传“关爱中医事业，造福人类健康”的观点，因而被学术界公认为陕西中医药事业的带头人。

张学文长期从事医疗、教学、科研及行政管理工作，并兼任20余家学术组织的名誉职务，可谓日理万机。他虽然业务繁忙，任务繁重，兼职繁多，但从来没有闪现过一丝忙乱或烦躁，表现出一位中医大家的修养和风度。他心地善良，豁达开朗，淡泊名利，治学严谨，关爱病人，不论贫富贵贱、职位高低皆一视同仁为其诊治，深受病人好评。

张学文对经济困难的病人充满同情。在医院，经常能碰到来自农村的病人怀里揣着馍馍，大老远地赶来请“张医生号号脉”。张学文总是用最经济实惠的药方帮他们治病。一次，一位来自陕西礼泉县的郑姓老人找到张学文看病，衣着破旧的老人家看到张学文百感交集，从怀里掏出一份已经泛黄的药方。这份已经保存了整整20年的药方，寄托了老人对张学文深深的感激。20年前，饱受心脏病折磨的老人在乡邻的建议下找张学文看病，张学文不仅治好了他的病，而且捐资让囊中羞涩的老人体面地过了费用关。

张学文从不计较个人得失，热爱社会公益事业。他多次为重危病人和灾区捐物捐款，多次积极参与国家及省市组织的赴边远和民族地区进行义诊活动，并不畏艰险多次深入兴平、户县等出血热疫区，常驻于那里防病治病。

现在张学文虽然年逾古稀，除定期在研究所和两所附属医院上门诊外，仍常常受邀在院内外会诊，不收取任何费用。他虽系国家级名老中医，门诊挂号费却自定为每人次仅收10元，对于家庭经济特困户，常常免除挂号费和部分医药费。

在谈到张学文的医德人品时，88岁高龄的延安时期的老革命、陕西中医学院原党委副书记米振民赞不绝口说："张教授对待病人，从来不管职务高低、干什么工作，都是一视同仁。无论是在单位上班，还是外出开会，总是把处方笺装在身上，随时随地为患者诊脉治病"。

要说荣誉，张学文除了是"国医大师"，获得中华中医药学会终身成就奖外，还是陕西省有突出贡献的专家、全国中医急症先进工作者、陕西省先进科技工作者、科技部“十五”攻关的百名名老中医临床经验传承研究课题的传承导师人选、科技部“十一五”攻关项目全国重点名老中医临床经验传承研究课题的传承导师人选、首届中医药传承特别贡献奖获得者、国家中医药管理局全国优秀中医临床人才研修项目优秀指导老师。同时，他的成就和事迹分别被载入英国剑桥“世界名人传记中心”、美国《世界名人大辞典》、《世界知识分子名人录》以及《中国当代中医名人志》、《中国当代名人大典》、《当代世界传统医学杰出人物》等书中。

要说职务，张学文曾先后担任陕西中医学院内科教研室主任、中医系主任、陕西中医学院院长，曾兼任国家中医药管理局重大科技成果评审委员、中华中医药学会常委、陕西省科技进步奖评审委员、陕西省政协委员、陕西省科协常委、陕西省中医学会副会长；现任中华中医药学会内科分会顾问，中国中医科学院、广东省中医科学院、陕西省中医药研究院学术委员，陕西省中医药学会顾问，《中医杂志》、《中医药学刊》、《中医急症》等多种杂志编委、顾问等职。

然而面对这些荣誉，张学文非常坦然，从不为声名所累；面对这些职务，张学文从来不把它看成是权力和地位的象征，他所重视的是它们所寄托着的责任。

退休之后，他依然高度关注中医药事业的发展，积极参与国家中医药管理局及有关方面组织的相关发展中医策略研究讨论，接受国内外中医组织的邀请进行学术交流，热心于弘扬和传播中医学术的崇高事业。

退休之后，他仍然关心学校的建设和发展，认真履行学校专家委员会主任职责，为学校的建设发展积极建言献策，在医疗、科研、教学和学术创新方面发挥着重要作用。

张学文深深热爱着伴随他一起成长、走向

成功的陕西中医学院，深深热爱着养育他、给予他无穷智慧和创造力的三秦大地，深深热爱着终生为之奋斗而无怨无悔的中医药事业。尽管已是年逾古稀的老人，但每当看到国家对中医药事业发展采取的每一个重要举措，看到中医药事业向前迈进的每一个脚步，看到陕西中医学院改革发展取得的每一个成绩，特别是近年来学校面貌发生的根本变化，他总是难以掩饰自己由衷的喜悦之情。他常常以臧克家“老牛亦解韶光贵，不待扬鞭自奋蹄”的诗句勉励自己，决心为学校的发展，为中医药事业作出自己的最大贡献。

（撰稿人　李　军）

《中华中医昆仑》丛书 150 位医家名录

（按生年排序）

张锡纯	丁甘仁	萧龙友	王朴诚	恽铁樵
曹炳章	冉雪峰	谢　观	施今墨	汪逢春
孔伯华	黄竹斋	吴佩衡	蒲辅周	陈邦贤
李翰卿	李斯炽	姚国美	陆渊雷	张泽生
时逸人	张梦侬	叶橘泉	王聘贤	陈慎吾
邹云翔	赵炳南	承淡安	余无言	刘惠民
岳美中	沈仲圭	秦伯未	赵锡武	韦文贵
程门雪	黄文东	赵心波	董廷瑶	吴考槃
章次公	石筱山	陆南山	张赞臣	李聪甫
刘绍武	陈存仁	朱仁康	陆瘦燕	姜春华
韩百灵	高仲山	李克绍	王鹏飞	刘春圃
金寿山	哈荔田	何世英	周凤梧	干祖望
关幼波	王为兰	任应秋	罗元恺	祝谌予
杨医亚	郭士魁	何时希	耿鉴庭	俞慎初

裘沛然	顾伯华	江育仁	邓铁涛	门纯德
刘渡舟	尚天裕	朱良春	李玉奇	程士德
尚志钧	赵绍琴	董建华	米伯让	李辅仁
张珍玉	班秀文	颜正华	于己百	颜德馨
路志正	方药中	王乐匋	黄星垣	谢海洲
余桂清	何　任	王子瑜	程莘农	陈彤云
焦树德	张作舟	张　琪	李寿山	张镜人
王绵之	方和谦	印会河	王玉川	蔡小荪
李振华	马继兴	王嘉麟	宋祚民	刘弼臣
王雪苔	刘志明	吴咸中	李今庸	任继学
裴学义	王宝恩	周霭祥	贺普仁	唐由之
赵冠英	许润三	金世元	陆广莘	刘柏龄
徐景藩	吉良晨	吴定寰	沈自尹	王孝涛
张灿玾	周仲瑛	强巴赤列	张代钊	李经纬
郭维淮	柴松岩	苏荣扎布	陈可冀	李济仁
夏桂成	郭子光	巴黑·玉素甫	张学文	陈介甫